विभिन्न विचारों में रचित

अशोक लाल की कविताऐं

विभिन्न विचारों में रचित

अशोक लाल की कविताऐं

अशोक लाल

ZORBA BOOKS

Publishing Services by Zorba Books, July 2020

Website: www.zorbabooks.com
Email: info@zorbabooks.com

Cover designed by Dhiraj

ISBN Print Book - 978-93-90011-25-4
ISBN eBook - 978-93-90011-26-1

Zorba Books Pvt. Ltd. (opc)
Sushant Arcade,
Next to Courtyard Marriot,
Sushant Lok 1, Gurgaon – 122009, India

विषय–सूची

भिखारिन

कल जब चौराहे पर थी
गाडी खडी हुई हमारी
झांक रही थी खिडकी मे से
एक बुढिया दुखियारी
ऑख नही थी दॉत नही थे
उलझे हुए थे बाल
मांग रही थी भीख बेचारी
लिये हाथ टूटा सा थाल
हमने जेब टटोली
सोचा दे दे इसको कुछ पैसे
पैसे के बिन ये दुखियारी
पेट भरेगी कैसे
तभी हमारा माथा ठनका
और आया मन मे एक सवाल
कैसे पहुची होगी यहा तक
जब ये है इतनी बेहाल
कोई .जरुर है पीछे इसके
किसी की है ये चाल
इसकी पीर हमारी करुणा का
कोइ कर रहा है इस्तेमाल
हिसाब लगाया हमने जल्दी
चौराहे पे आती गाउी कई हजार
गर एक एक भी दे दे कोई
इस पर होगी रुपयो की भरमार

एक दिन मे हजार कमाए
तो महीने मे तीस हजार
इतनी तो नही तन्खाह अपनी
और इसका फैला है ब्यापार
हमे तरस है लाचारी पे इसकी
पर यहाँ मामला है कुछ और
ले जाएगा पैसे सब कोई
शायद इसको देकर दो कौर
ख्याल दूसरा फिर आया कि
ये है कर्मो का चक्कर
ये भुगत रही है फल कर्मो का
हम क्यो ले विधी से टक्कर
बत्ती हुई हरी चलपडी
एक एक करके गाडी
दूसरी लाल बत्ती पर अब ये
अजमाएगी किस्मत बेचारी

68th Independence Day

अंग्रेज़ों से तो आज़ादी हमने सन '४७ में थी पाली,

पर जब अपने ही लगें लूटने तो कौन करता हमारी रखवाली ?

उस १५ अगस्त की रात को छूटी थी ख़ुशियों की आतिशबाज़ी,

यूनियन जैक को हटा कर, तिरंगे ने थी मारी बाज़ी ।

पर राष्ट्र पिता गाँधी जी नहीं ख़ुश थे देश के विभाजन से,

उन्होंने अनशन कर के दी थी आज़ादी,

फिर अनशन से ही कतले आम रुके।

झगड़ों की बुनियाद पर बने थे, भारत और पाकिस्तान

अब झगड़ों से ही झूझ रहा है दोनो देशों का हर इंसान ।

एक लौह पुरुष सरदार पटेल ने पूरे देश को एक किया,

सरकारें कितनी भी बनी मगर दाग़ ग़रीबी का नहीं मिटा ।

गर गौरव किसीने बढ़ाया देश का, तो अंतरिक्ष वैज्ञानिक ने,

सरहद पर भी दिखाये जौहर देश के बहादुर फ़ौजी ने ।

कृषि, खेल, संगीत जगत में, भारत का ऊँचा नाम हुआ,

काश कभी सूखे से !, कभी बाढ़ से करोड़ों का नुक़सान हुआ।

फिर एक लहर आई देश में, IT में निपुण जवानों की,

देखते ही देखते तमाम विश्व मे, माँग बढ़ी भारत के विद्वानों की ।

गर हुई गिरावट किसी क्षेत्र में, वो हैं हमारे नेता गण

बग़लों में सबके छुरी छुपी है, पर मूँह से बोलें रामायण ।

जहाँ आज़ादी के लिये गये थे नेता भर भर अंग्रेजो जेलों में,

अब जाते दिखते आज के नेता, खोये हुए गंदी गलियों में, रंगरेलियों में।

कुछ ही नाम हैं इस आज़ाद देश में, जिनको सब करते हैं सलाम,

राजेंद्र बाबू, राधा कृष्णन, नेहरू पटेल और सब के प्यारे अबुल कलाम।

ऐ भारत के भविष्य वासियों मत समझो हर नेता को इज़्ज़तदार

भ्रष्ट, स्वार्थी, पापी, भोगी चलाते हैं देश की सरकार।

एक अकेला मोदी क्या कर लेगा जब कोई देता उनका साथ नहीं,

स्वतंत्र देश का पंत प्रधान, हो इतना लाचार यह अच्छी बात नहीं ।

आतंक के साये में, हर स्वतंत्रता दिवस जाता है,

अलगाव वाद, माओवाद, नक्सलवाद को रोक नहीं कोई पाता है।

जय हिंद का नारा बस एक नारा बन कर रह गया,

याद रखना ये भविष्यवाणी, जो 'लाल' यहाँ पर कह गया ।

आखिरी सफर

अपनी इस लम्बी सी ज़िन्दगी मे
हम सब कितने ही सफ़र पर जाते हैं,
और सफ़र की हर ज़रुरत का
सारा सामान जुटाते हैं।
कब जाना है, कहॉ रहना है,
रेल से या कार से,
या हवाई जहाज़ से
महीनो पहले चलने की
हम बुकिंग करवाते हैं।

फिर ये आखिरी सफ़र
जो है ज़िन्दगानी का,
उसका ख्याल आते ही
हम सभी क्यूँ डर से जाते हैं?

एक यही तो सफ़र है
जिसके कैन्सिल होने का,
बिल्कुल भी नहीं चान्स है
और पैदा होते ही सबकी
बुकिंग हुई ऐडवांस है।

बिस्तर बोरा पैसा टका
कोई साथ ले जा सकता नहीं,
एक बार चल पड़ा तो
कोई वापस आ सकता नहीं।

मंज़िल इस सफ़र की
जहन्नुम है या जन्नत है,
सवारी चलेगी उस तरफ ही
जिसकी तुमने सारा जीवन,
जैसी चुकाई कीमत है।

और सफ़र मे तो यादगार
तस्वीरें खिंचवाओगे।
इस आखिरी सफ़र में,
कहाँ गये, क्या देखा, किससे मिले ?
कुछ बता भी नहीं पाओगे।

राज़ की बात है, ज़रा सुनो लगा कर ध्यान,
तुम्हारे से आगे जाता है तुम्हारे
इस सफ़र का सामान।
बैंक बैलैन्स, ये गाड़ी बंगला
सब यहीं रह जायेगा।
अच्छे बुरे कर्मों का ख़ाता ऊपर,
तुम्हारे जाने से पहले ही खुल जायेगा।

अमरीका

अभी अभी कुछ रोज़ हुए हम गए थे अमरीका
दुनिया के बडे मुल्को से सबक ये हमने सीखा
ये दुनिया बहुत महान है
बहुत छोटा है इन्सान
सब कुछ पा सकता है वो
जिस पर खुदा ज़ारा हो मेहरबान

जाने कितने ही देशो से
लोग आए छोड अपना घर बार
और लगा दिया तन मन धन
मानो हुक्म दे रहा शाही दरबार

लम्बी लम्बी सडके देखी
उन पर दौडती लम्बी लम्बी कारे
एक एक लम्हा कीमती सबका
और भाग रहे है सारे

एक से बढ़कर एक देखे बंगले आलीशान
और हर बंगले मे सबको देखा करते अपना काम
देखा मरदो को खूबी से चलाते डिश्वाशर
औरते भी बिजी बहुत है ना नौकर ना चाकर

विकैन्ड आया नही बस बनते है प्रोग्राम
कोइ बीच पर कोइ बरफ पर करते है विश्राम
कमी नही है वहां किसी की
हर ची.ज है मेगा मेगा
एक खरीदो एक मुफत लो यही है रेला पेल

मोटे ऐसे दीखे लोग कि पतला लगने लगा पिंग पौंग
खाओ पिओ और मस्ती से मौज मनाओ
सबसे मिलकर मौज मजेकर हुई हमको ये तस्ल्ली
इतना सब होते हुए भी वहां सबको याद आती है दिल्ली

आज़ादी का अनोखा फंक्शन

इस साल 15 अगस्त को
जब देश मना रहा होगा आज़ादी,
हज़ारों पति होंगे इकट्ठा शिमला में
जो पछता रहे हैं करके शादी!

Harassed Husband एसोसिएशन
है इनकी संस्था का नाम,
हा हा करके हंस रहे हैं
सुनने वाले खास–ओ– आम।

हिन्दी में 'पीड़ित पति'
यह संस्था है कहलाती।
सबके लिए है ये खुली
चाहे हो कुछ भी उम्र, स्टेटस या जाती।

शेर सिहं को तकलीफ है
पहले वो थे एक शेर खुंखार,
जब से बने हैं वो पति,
अब उन पर देवी जी रहती हैं सवार।

सीताराम जी का कहना है
क्यूँ नाम में सीता पहले आती है?
लव कुश भी राम की नहीं मानते,
सीता ही सब पर हुक्म चलाती हैं।
लम्बे चौड़े सज्जन हैं हिन्द केसरी दास,
वकील पत्नी के सामने पर वह
रहते हैं उदास।
शादी की शुरुआत से ही
उनकी हुई है ऐसी रेस
डोमेस्टिक रेप का उन पर
बना हुआ है केस।

एक पति परेशान हैं,
उनकी पत्नी बहुत हैं तेज़
कुछ भी माॅंगे जब वो उनसे,
वो कहती हैं 'तुम माॅंग रहे दहेज'

छः बच्चों के एक पिता
हैं बेचारे सरदार,
कमज़ोर कह कह कर पत्नी फिर भी
उनको देती हैं फिटकार।

एक पति की शिकायत है,
पत्नी ने दिया गिफ्ट मोबाइल फोन
'मैं देख रही हूँ सबकुछ'
ऐसी लॉक हुई है रिंग टोन

कई पति तो बेचारे,
हैं ऐसे काम के मारे ,
सुबह दफ़तर पहुँचते थके हुए वो
और रिलैक्स हो कर शाम को
वो आते अपने घर के द्वारे।

क्या क्या होंगी चर्चा शिमला में
कैसे होंगे डिस्कशन

शायद जेब खर्च बढ़ाने का भी
पास होगा रेसोलुशन

न्यूज़ चैनल्स कवर करेंगी,
यह अपने मे एक अनोखा फंक्शन,
वापस कैसे घर जाएंगे,
यह ही है अब उन सब को टेंशन

आजादी का जश्न?

आजादी के दिन हम सब करते हैं
इस तिरंगे को सलाम
लहराता रहे ये सदा शान से
रहे ऊँचा इसका नाम ।

60 साल से मना रहे हैं
हम ये जश्ने आजादी
उस वक्त के बचे हैं जो सेनानी
वो होंगे अब पड़दादा, पड़दादी ।

क्या पूर्ण हुआ लगता होगा,
जे सपना था उन्होने सजाया ?
क्या फल उनके संघर्षों का,
उनके बच्चों को खुश कर पाया ?

क्या वो खेत हुए हरियाले
जिन को उन्होने लहू से अपने सींचा था ?
क्या अत्याचार वो खत्म हुए
जिन्हें देख कर कभी उन्होंने
अपनी ऑखो को मीचा था?

कहीं हुआ नही तो ऐसा
गोरे साहब तो चले गये
पर कुछ अपने ही देश के वासी
हमें गुलाम बनाते चले गये ।

अनपढ़ अनपढ़ ही रह गये
गरीब बने रहे गरीब
जो पढ लिख गये वो चले विदेश
छोड़ भ्रष्ट हाथों में
इस आज़ाद मुल्क का नसीब ।

आज़ाद है यह देश अब
किसी फिरंगी का गुलाम नहीं
पर कुछ लोगों ने अभी भी इससे
जोड़ा है अपना नाम नहीं ।

काश्मीर काश्मीर है
उसे समझते हिन्दोस्तान नहीं
पूर्वोत्तर के कई नागरिक
मन से लेते भारत का नाम नहीं ।

और जैसा आपने सुना होगो
अब तो महाराष्ट्र में भी कहते हैं
उत्तर भारत के लोगो का
इस प्रांत मे कोई काम नहीं !

कोई हिन्दू है कोई मुस्लिम है
कोई सिख है कोई ईसाई
कहाँ गये वो भारतवासी
जो आपस में थे भाई भाई

देश तरक्की कितनी भी करले
जब तक लोग यहाँ के एक साथ नहीं
देश से ज़्यादा जब तक जेब है प्यारी
तब तक खुशी की इतनी कोई बात नहीं ।

तिरंगा तो फिर भी हम हर साल फहराएंगे
गीत विजय के भी बार बार दोहराएंगे
पर जब झांकेंगे अपने मन के भीतर
तो शायद थोड़ा सा शर्माएंगे

बनादे बहरा हे प्रभू!!

देखना, सुनना, चखना, सूंघना
और किसी चीज़ को छूना,
यह पाँच शक्तियाँ दी हैं खुदा ने
जो आसान करती हैं हमारा जीना।

गर खोनी हो कोई भी शक्ती
हमको इन पाँचो में से एक
तो बहरा हमें कर देना प्रभू जी
यह विनती करतें हैं घुटने टेक।

दफ़्तर में अफसर की हमको
ना सुनाई देगी कभी फटकार
सारे हुक्म हम लेंगे लिखत में
किसी घपले की हमको क्या दरकार।

घर पे बीवी का काम न करके
नहीं ढूंढना होगा कोई बहाना,
कह देंगे तुम ने कहा तो होगा
पर हम सुनते हैं ऊँचा, जाने जाना!

रिश्वत हमसे गर मांगे कोई,
हम कहेंगे 'ज़रा ऊँचा बोलो भाई
यह खुसर फुसर की बातें हमको
देतीं नहीं सुनाई'!

बच्चे चाहें घर में म्यूज़िक
कितना ही तेज़ बजाएं
हम बैठ खुशी से पढ़ेंगे नौवल
चाहें कान पड़ौसी के फट जाएं।

कान के अंदर रखेंगे छुपाकर
एक सी .आई. सी हियरिंग ऐड !
सुन लेंगे हम जो सुनना चाहें
जब भी हो मुनाफे का ट्रेड !!

बहरेपन के फाएदे कितने ही हम गिनवाएं
गर कुछ खो कर हो पाना सब कुछ
तो हम बहरे क्यॅू ना बन जाएं
तो हम बहरे क्यॅू ना बन जाएं।

बटवारा

भाई भाई में यूँहीं कभी
अनबन सी हो जाती है,
कभी घरों से ज़्यादा जगह की
दिलों में कमी हो जाती है
कभी अलग अलग ज़रूरत को लेकर
बटवारे की नौबत आ जाती है।

पर क्यूँ बँटता है प्यार बड़ों का
क्यूँ बच्चों को दूर कराया जाता है?
क्यूँ बंटती है रिश्तेदारी?
क्यूँ बिना वजह ही एक दूजे पर
इल्ज़ाम लगाया जाता है?

इधर खेत के टुकड़े हुए
उधर उपज हुई कम,
इधर हुए दुकान के हिस्से
उधर मुनाफा हुआ खतमं।
अलग अलग करके धंधे को
भाई ने भाई का तोड़ा दम।

मिसाल सारी दुनिया में
देश के बटवारे की
हमारे जैसी कहीं नहीं,
साठ साल से झगढ़ रहे है
नफरत मे काई कमी नहीं!

बटवारा हो चाहें जहां भी
है यह घाटे का सौदा,
पुश्तैनी दौलत और शौहरत को
बटवारा कर कर के ही
सदियों से लोगों ने है रौंधा!

भगवान का बही खाता

तू कहता है मुझसे बन्दे,
कि तू मुझ पर ही निर्भर करता है।
फिर काम अपना बनते ही
क्यूँ तू अपनी डींगे भरता है।

जब तक संकट सर पर होता है,
तू जपता है बस प्रभू प्रभू ।
और विपधा जैसे ही टरी नहीं,
कि आने लगती है तुझमें से
अपने अहम की बदबू।

सच है मगर कि मैं ही तुझसे
सारी मेहनत करवाता हूँ।
और बही खाते मे देख के तेरे,
मैं उसका फल तुझको दिलवाता हूँ

भाई भाई

कौन कहतो कि इस देश में
हिन्दू और मुस्लिम भाई नहीं?
क्या "दावूद भाई" और "अनीस भाई" ने
इस देश को अपने ही रंग मे रंगने की
कसमें हैं खाई नहीं?

जो भाई नहीं वो दादा हैं
लहू बहाने को अपनो का,
वो हरदम आमादा हैं!
न रहे हमारे बीच में,
अब काई नेहरू चाचा
ना काई यहाँ अब है बापू
ना रही अब भारत माता

दिन वो लगता अब दूर नहीं
जब इस देश के वासी
लेंगे बस एक दुहाई
''इन भाई लोग के चंगुल से,
यह देश बचा लो भाई''
यह देश बचा लो भाई

बुढापा

ऐ बुढापे तेरी दास्तां अजीब है
तू जिसकी ज़िन्दगी में आए उसे तो कुछ तक़लीफ है
और जिसकी ज़िन्दगी में ना आए
वो बेचारा तो वैसे ही बदनसीब है
ऐ बुढापे तेरी दास्ताँ अजीब है

एक बुढापा है लेकिन मिसाल ख़ुशनसीबी का ।
सेहत अच्छी है और साथ है मियाँ-बीबी का ।
Bank में माल है, नहीं झगढे किरायेदारों के ।
अदब बच्चों से मिले
और दर खुले हों पुराने यारों के।
सारे चाहने वाले भी जिसके अरीब-क़रीब हैं ।
ऐ बुढापे तेरी दास्ताँ अजीब है

और एक बुढापा है कि मानो बड़ी लाचारी है।
खाने पीने की है क़िल्लत
कभी ये या कभी वो बीमारी है।
तन में ताक़त नहीं पर सर पे ज़िम्मेवारी है ।
और जो हर वक़्त यही सोचे
कि कब हमारी बारी है ।
जिये हर वक़्त जैसे किस्मत का वो ग़रीब है ।
ऐ बुढापे तेरी दास्ताँ अजीब है

उम्र अठावन है, अढ़सठ है या नवासी है,
साथ spouse का है और ना कोई उदासी है,
समधी हैं यार से, बच्चे रहें प्यार से,
जायें जो इधर से उधर ,
कभी रेल से कभी प्लेन से कभी कार से ।
पोता-पोती, नाता-नाती जिसको सभी नसीब हैं ।
ऐ बुढापे तेरी दास्ताँ अजीब है।

ज़िन्दगी का पर कुछ न कुछ हो मक़सद प्यारे
जायें हम रोज़ मन्दिर, मस्जिद या गुरुद्वारे।
दें सहारा उन्हें जो हों कमनसीब हमसे ।
दें नसीहत जितनी भी बन सके हमसे ।
और इस बुढापे पे उस दिन चार चाँद लग जायें,
जो बच्चे पहले हमारे कहलाये जाते थे,
उन्हीं के माँ-बाप हम फक्र से कहें जायें ।
ऐ बुढापे तेरी दस्ताँ अजीब है,
तू इस तरह किसी की ज़िन्दगी में आये,
तो बता लाल, भला उसको क्या तक़्लीफ है

जमीन और आसमान

क्यो चाॅद पे जाते हो क्यो तारे तकते हो
पहले जंमी तो संवार लो गर कुछ कर सकते हो

इन्सा ने बनाए इन्सा को मारने के लिए हथियार
यू बम्ब गिराए ले ली जाने एक संग कई हजार
यंहा रौन्धते हो जिन्दगी को
वहां जीवन ढूढते हौ
क्यो चान्द पर जाते हो.........................

वैसे ही जमी पर क्या कम है
लडने मरने के मैदान
तुम जुटा रहे हो अंतरिक्ष मे जंगो का सामान
यहा फैल रही है भुखमरी
क्या कम कर सकते हो
क्यो चांद पे जाते हो.........................

चलो मान लो शायद मिल जाए
वहां जीवन के आसार
होगा वो खुदा का ही बन्दा
क्या कर लोगे स्वीकार
किस रंग और घर्म के वर्गो मे
उसे शामिल करते हो

क्यो चान्द पे जाते हो.........................

भगवान तेरे दर पे खडा

भगवान तेरे दर पे खडा बन के भिखारी
है कोन सी विपदा जो तूने नही टारी
भगवन मेरी रक्षा करो मै हू तेरा आभारी
जय राम जय जय राम श्री कृष्ण मुरारी
............व...............

ओ सारे जग के विधाता
मन वॉछित फल के दाता
मेरी अर्ज करो कबूल
मुझसे गर कोइ हो जाए भूल
क्षमा करो समझो नादान
मेरे जीवन का करो कल्याण
पार लगा दो मेरी नैया
लगा दो किनारे बनके खिवैया
मैने प्रभू कर दी है अरजी
आगे जैसी तेरी मर्जी

ज्यो तेरे सहारे

ज्यो तेरे सहारे कल बीता
वेसे ही गुजरे आज
यही मान कर करता हू
मै शुरु आज के काम

ज्यो तेरे सहारे...................

तू गर चाहे तो नाम मेरा
मिटटी मे मिलवा डाले
गर तेरी कृपा हो जाए मुझपर
तो सर पर मेरे सोहे ताज

ज्यो तेरे सहारे...................

हर खुशी के पीछे तो मेरी
है तेरा ही हाथ
गर काम ना कोइ बन पाए
तो भी रखता मेरी लाज

ज्यो तेरे सहारे...................

नाम जपन नही

नाम जपन नही छोडुगा मै नाम जपन नही छोडुगा
राज पाट चाहे मिल जाए
चाहे मेरा सब कुछ मिट जाए
ईष से नाता नही तोडुगा मै

मेरे तन के रोम रोम मे
प्राण उसी ने डाले है
भूख प्यास हरने को मेरी
रस्ते कई निकाले है
दान दया का लेकर उससे
दान पात्र नही छोडुगा मै

नाम जपन नही...

मैने, हर सुख, मैने हर दुख
कर्मो से ही पाया है
जिन कर्मो का लेखा उसने
जन्मो जन्मो निभाया है
कर्म से ही रखूगा मतलब
फल ना मन से जोडूगा

नम जपन नही...

इस दुनिया मे आकर मुझको
एक ना एक दिन जाना है
जैसे जग मे आया था
इसे अच्छा और बनाना है
नेक राह दिखलाई है उसने
मै नही रस्ता मोडुगा

नाम जपन नही

दिल का मामला

सर्दी का महौल था
दुबके रहते थे दिन रात
खाओ पियो और मौज करो
फ़िक्र की ना कोइ बात

ऐसे मे इस दिल ने जैसे
बजा दिया 'एलार्म'

ई.सी.जी मशीन से निकला लंबा फॉर्म

टेड़ी सीघी लकीरो मे
छुपा था दिल का हाल
डाक्टर लगे घबराए से
हम तो थे खुशहाल

हॉस्पिटल मे रहना भी

एक तजुरबा होता है
खासतौर पर बेवजह ही
गर कोइ भरती होता है

लेटे लेटे पलंग पर
मिलता है बढिया खाना
टी . वी. देखो अखबार पढो
बीबी भी ना करे नाना

सुन्दर सुन्दर नर्से आ कर
लेती बी पी और टेम्प्रेचर
उन्है क्या पता ये बोगस पेशेंट
ताक रहा है मजे लेकर

दिल हमारा सच मे उछला
मारी कई छलांग
जब एक सुन्दरी आकर बोली
क्या करवा दू स्नान

बीबी ने उसको ऐसी
तीखी नजरौ से देखा
चलो उठो खुद काम करो
कह कर तौलिया हम पर फैका

राय सभी तन्दुरसतो को है
दिल पर अपने रखो काबू
पर कभी कभी यू मौका पाकर
मजै मार लो बाबू

दिल

"मैं ने दिल तुझ को दिया"
"या अल्ला, या अल्ला दिल ले गयी"
"एक परदेसी मेरा दिल ले गया"
"दिल लेने वालों दिल देना सीखो जी"
प्यार में कोई किसी को दिल देता है
या कोई किसी का दिल लेता है।
ऐसा लोगों का कहना है।
झूठ है ये,
ऐसा कुछ नहीं होता।
दिल अपनी जगह ही रहता है।
उसका काम तो बस
सिर्फ़ धड़कते रहना है !!

इश्क़ में होता है जब दीदार-ए-यार
नज़रों से नज़रें मिल जाती हैं,
धड़कन दिल की बैठे बैठे ही बढ़ जाती है।
कान सुन लेते है कोई गीत नया
या उनमे कुछ कह कर मनमीत गया
दिल धक धक करने लगता है
धड़कन इसकी बढ़ जाती है।

गलियों में चौबारों में
ट्रैफिक जाम में कारों मे
या लम्बी लगी क़तारों मे
मैखाने मे यारों मे

जब भी तू तू मैं मैं हो जाती है
गुस्सा दिमाग़ को आता है
रफ़्तार दिल की बढ़ जाती है।

थक कर दिन भर के कामों से,
या जीवन के हंगामो से,
जब इंसा घर को आता है
चादर तान के बिस्तर पर
वो गहरी नींद सो जाता है।
अंग अंग उसके तन का
बेसुध सा बन जाता है।
पर ये दिल बेचारा जगा हुआ
अपनी ही जगह पर लगा हुआ
चलता रहता है बस चलता ही रहता है।

"दिल नहीं चाहता, दिल नहीं लगता"
"दिल टूट गया, दिल रूठ गया"
"दिल है कि मानता नहीं"
"दिल को चैन नहीं, दिल को नहीं आराम है"
इंसा की ज़िन्दगी की हर कमी के लिये
यह दिल ही बदनाम है।
झूठ है ये,
ऐसा कुछ नहीं होता।
दिल का तो पैदा होने से मरने तक
धड़कते रहना ही काम है।
धड़कना जिस दिन इस दिल ने छोड़ दिया
उस दिन तो बस सत राम नाम है
उस दिन तो बस सत राम नाम है ।

एफ.टी.वी

एफ.टी.वी पर चौबिस घन्टे दिखती है फैशन शो
तरह तरह के कपडे पहने
या फिर लगभग कुछ ना पहने
दिखती रो पर रो
कुछ कहते है अश्लील है ये
मादकता भडकाती है
कुछ कहते है यह नारी की सुन्दरता दर्शाती है
क्या है ये आखिर किसका है व्यापार
नारी के देह का या उसकी मजबूरी का, करिये जरा विचार!
सेचता हूँ कभी कभी तो क्या है ये तकदीर
कोई तन झलका कर लाख कमा ले
काई पढ लिखकर भी रहे फकीर
कपउा बना तन ढकने को पर कैसा ये व्यवहार
उसी कपडे की तिजारत मे नंगा तन दर्शाया जाये
महिलाओ की नुमाईश है ये
या पुरूषों की कमजोरी
एफ.टी.वी के औचित्य ने कसर जरूर है थोडी

गंज

एक मजबूरी गर जीवन में आ जाए
खुशी से अपना लो उसको, बिना किए कोई रंज
ज्यादातर बुढापे में, पर कभी भरी जवानी में भी
बर्दाश्त यूंही करनी पढती है, अपने सर की गंज ।

फिर भी कुछ ऐसे लोग हैं, जो इसे छुपाना चाहते हैं
बची खुची कुछ जुल्फों से, इसको ढ़क लेना चाहते हैं
कुछ तो रगड़ रगड़ कर तेल चॉंद पर फिर बाल उगाना चाहते हैं
कुछ तो हज़ारों का करके खर्चा, विग पहन इसे झुटलाते हैं

जो नाई से निकलवाते थे जुल्फों मे
कभी सीधी मांघ कभी उल्टी मांघ
किस्मत की उन पर मार पड़ी तो
अब रह गई सर पर मांघ ही मांघ।

बुरा ना मानो गंजेपन का
इस के फायदों पर भी ध्यान करो
कंघी तेल की बड़ी बचत है
चाहे जितनी बार स्नान करो।

उन मशहूर हस्तियों की सोचो
जिन के संग नाम तुम्हारा जुड़ जाएगा
गांधी , नेहरू , चर्चिल , कुश्चेव
नाता गंजेपन का इन सबसे ,शान खूब बढ़वाएगा

कचरा घर

लगता है कभी कभी ऐसा
कि इन्सान का मन है कचरा घर जैसा
जिन बातो से उसे खुशी मिली
या जो नित जीवन मे लगी भली
उनको तो वो कुछ ही दिनो मे
याद जही कर पाता है
और जीवन पथ पर जो रंज मिला
या किसी बुरे का संग मिला
उन सभी बुरी धटनाओ को
वो हरदम दोहराता है

इसी लिए लगता है कभी कभी ऐसा
कि इन्सान का मन है कचरा घर जैसा

याद नही जो मात पिता ने
प्यार सदा बरसाया था
याद नही जो दोस्त ने मिलकर
कठिन प्रश्न सुलझाया था
याद रहा पर पिता का गुस्सा
और मां की तीखी फटकार
याद रही जब खेल खेल मे
टांग अडा बैठा था यार

इसी लिए लगता.........................

भूल जाओगे उपवन के महके फूलो कि खुषबु
भूल जाओगे सुप्रभात मे गाते हुए प्राणी प्रभु प्रभु
याद रहेगी गन्ध जो होती है मछली के बाजांरो मे
याद रहेगी तू तू मै मै जो होती है धरबारो मे

इसी लिए लगता..

सूरज ग्रहण

सब कहते है मत देखो
ऊपर की तरफ इस दिन
वो ख़फा है धरती से
क्योंकि उसने कभी रौशनी के लिए
सूरज का शुक्रिया ना किया!

ग्रहण पड़ने का इंतज़ार
सिर्फ दो लोग किया करते हैं।
एक पंडित जिसे पूजा में दक्षिणा मिलेगी
और एक भिखारी, जिसे झोली में भिक्षा मिलेगी।

ग्रहण बदनाम है
कि किरणें फैलाती हैं बीमारी इस दिन
ये तो सब लोग हैं जो
एक साथ नहा कर
रोग एक दूसरे को लगा देते हैं।

ग्रहण तो जैसे है
कहानी दर्द—ए—इश्क की इस भूमंडल में
इस दिन सूरज और धरती के बीच
चाँद आ जाता है
प्यार का दुश्मन बन कर!

नया गुडगाँव

ये शहरों का शहर है पर कहने को गाँव है,
ये मीठे मीठे लोगों का घर गुडगाँव है।

यहाँ कोठियाँ हैं बड़ी बड़ी जिनमें,
ऊपर चौड़ी छत और नीचे बेसमेंन्ट हैं,
आसमाँ से छूते हुऐ पैंट-हाउस हैं,
और लक्ज़री अपार्टमेंन्ट हैं ।
                    ये शहरों का शहर है........।

यहाँ घर नहीं कोई जिसके

बाहर या नीचे ना हों दो दो कार,

यहाँ शाम नहीं कोई जब

बैठ कर जाम ना ले रहे हों यार।

ये शहरों का शहर है...........।

ऊँची ऊँची इमारतों के बीच,

जो खुली जगह है वो सड़क जैसी लगती है,

ग़र कीचड़ और गड्ढों पर ध्यान ना दें,

तो झलक सिंगापोर की सी लगती है।

ये शहरों का शहर है...........।

टी -शर्ट और LNCP (लंबी निकर छोटी पैंट),

यहाँ के लोगों का पेहरावा है,

यहाँ सब अपनों में मस्त हैं,

ना झूठी शान है ना दिखावा है।

ये शहरों का शहर है...........।

स्विमिंग पूल और क्लब्स

यहाँ हर मोड़ पर मिल जायेंगे

डांस आये या ना आये,

लोग डिस्को ज़रूर जायेंगे।

ये शहरों का शहर है.............।

फ़ूड कोर्ट्स में सब कुछ है, पिज़्ज़ा , बर्गर्स

मुघलाई, चाईनीज़, और यहाँ तक कि कढी-चावल।

शॉपिंग माल्स बन गयीं हैं शान गुड़गाँवे की।

ज़रूरत है तो बस जेब में नाँवे की

ये शहरों का शहर है.........।

एक और रिकॉर्ड है जिसमें
शायद सबसे अव्वल गुड़गाँवा है,
हर सड़क पर झूमता और घूमता
साँड जहाँ दीख़े, वही ये शहर गुड़गाँवा है।
                ये शहरों का शहर है...........।
यहाँ के लोगों कि बोली का सुनिये
नमूना ज़रा एक,
हमने एक "लोकल" से कहा
"भाईसाहब,एक तक़लीफ़ देनी थी"
उसने पलट के हमसे कहा
"तू देक्के तो देख"
                ये शहरों का शहर है.............।
यहाँ के हर घर से कोई अमरीका या दुबाई
या तो गया है या जाने वाला है।
हर परिवार में कोई सी.ऐ है या एम्.बी.ऐ,
सारे शहर में आई.टी और कम्प्यूटर्स का बोलबाला है।
                ये शहरों का शहर है...........।
गुज़ारिश है लाल की सभी मेहरबानों से
जो आन कर बस गये हैं गुड़गाँवे में,
भाईचारे, दोस्ती और सफाई का सबक़ भी
तरक्की के साथ साथ फैला दें गुड़गाँवे में

ये शहरों का शहर है पर कहने को गाँव है,
ये मीठे मीठे लोगों का घर गुड़गाँव है।

बीच वाले

हँसो ज़रूर हँसाओ सबको,
बड़ी चीज़ है हँसना ।
पर गैरों पे हँसने से बहतर है,
पहले अपने ऊपर हँसना ।

अब हम अपनी क्या कहें
हम तो जनम से ही बीच वाले हैं ।
कुछ गलत मत समझें जनाब,
दो बड़े भाई ऊपर थे दो छोटे नीचे हैं
दो पाटन के बीच में हम पिसने वाले हैं।

उम्र भी हमारी कुछ बीच की सी है
शुमार होते नहीं बुढ्ढ़ो में
और ना ही नौजवानों में ।
आँख खुल जाती है सुबह जल्दी ही
बड़े बूढ़ों की तरह,
नींद आती नहीं देर तक
कि जवानी अभी बाक़ी है ।

गाना गाते हैं तो मुकेश और रफ़ी के,
लतीफ़े अब भी अच्छे लगते हैं काका हाथरसी के।
फ़िल्में तो अब याद आतीं हैं मधूबाला की
पर टीवी का रिमोट रुक जाता है जब दिखती है मल्लिका या राखी
अब क्या गिनायें ऐसी कितनी ही मिसाले हैं
जो दिखाती हैं कि हम वाकेई मे बीच वाले हैं ।

सुना था साठ के हो के इन्सान सठिया जाते है।
ये तो अच्छा है कि हमें अपने आस पास
अपने जैसे बहुत से नज़र आते हैं।
वो अपने को चाहे बुड्ढा समझें या जवान
हमें तो यहाँ बहुत से बीच वाले नज़र आते हैं ।

फूल

जब बाग का एक ही माली है
जलए खाद भी एक सी डाली है
फिर गुलो का रंग क्यो जुदा जुदा
मै समझा नही बतला ए खुदा

कुछ फूल महक कर तने हुए
कुछ गुन्चे बनकर घने हुए
कुछ झड़ गए शाख से खिलते ही
कुछ मुरझा गए दिन ढलते ही
कुछ फूलो का कोइ क्यो रखता नही
क्यो कुछ पे करे सब जान फिदा
है सब क्यो एसे जुदा जुदा
मैं समझा नहीं बतला ए खुदा

इन्सा भी तो फूल है इस चमन मै
तेरे हाथे के लगाए हुए
क्यू कुछ खुशिया बरसाते है
क्यू कुछ रहते झल्लाए हुए
क्यो कुछ मे झलकती है जिन्दगी
क्यू कुछ लगते जिन्दा मुरदा
है सब क्यो एसे जुदा जुदा
मैं समझा नहीं बतला ए खुदा

कवि की तलाश

गली मे पूछा
मुहल्ले ने पूछा
पूछा उसकी अंधी माँ से घर मे
बेटे से पूछा
बेटी से पूछा
पूछा उसकी सती सावित्री से कोहवर मे
कही पता ना चला मेरे प्रिय कवि का
ठेले वाले चाय वाले
नुन्क्कड वाले पान वाले
मोची महरिन दाई
धोबी दर्जी नाई
सभी तलाश रहे थे मेरे साथ
कही पता ना चला मेरे प्रिय कवि का
रेडियो टीवी अखबार
मेरे **गुमशुदा** कवि का
कर रहे थे इश्तेहार
कही पता ना चला मेरे प्रिय कवि का
आग मे ढूंढा राग मे ढूंढा
चिउियो मे ढूंढा बाग मे ढूंढा
कही पता ना चला मेरे प्रिय कवि का
आश्चर्य
एक दिन मिल गया मुझे वो
मेरी ही अलमारी मे
शीशे के पीछे छिपा था

शब्दों की पिटारी मे
मै चमत्कृत था और खुश
किया गया अपजे प्रिय कवि को
शब्दों के वेश मे
नही ढूंढ पाया था जिसे
इतने बडे देश मे

'को' और 'की' का अंतर

मैंने माँ **को** माना और अच्छा पुत्र बना
मैंने पिता **को** माना और यश पाया,
मैंने भगवान **को** माना और भक्त कहलाया।
मैंने गीता बाइबल कुरान **को** माना,
और पंडित,पादरी या मौला कहलाया,
यह सब कुछ हो कर भी मेरा मन
जब शांत नहीं हो पाया,
तब मैं पहुंचा गुरू के द्वारे
और उनसे प्रश्न यही फिर दोहराया।
"मैं अच्छा पुत्र हूं,यशस्वी हूं और भगवन भक्त हूं,
जीवन मेरे सब कुछ होकर भी,
क्यूँ रहता हूँ मैं भरमाया?"

गुरू बोले तूने मात-पिता **को** माना,
पर सच्चे मन में झाँक के कहना
कितनी शिक्षा उन **की** मानी?
भगवान **को** तूने माना ज़रूर पर
क्या भगवान **की** तूने मानी?
ग्रंथो **को** माना ज़रूर तूने,
पर क्या मानी ग्रंथो **की** वाणी?

बापू **को** सबने माना,
पर कितनों ने बापू **की** मानी।
राम कृष्ण **को** सबने जापा,
पर कितनो ने उन **की** शिक्षा जानी?

Jesus Christ **को** मान कर
लोग गये गिरजा घर,
पर उसी Christ **की** कथनी को
क्या अपनाया जीवन के अंदर?

जिस दिन इस को और की का अंतर तू
ठीक ठीक समझ जायेगा।
उस दिन ऐ खुदा के बंदे,
तेरा जीवन ख़ुशियों से भर जायेगा

कुछ और नज़्में

एक जमाना था खल दुहे जानी है
कि घण्टे और घड़ियां
टिक टिक की आवाज़ किया करते थे।
अब डिजिटल के ज़माने में
वक्त गुज़र जाता है ,
बिना किसी आवाज़ के।
कोई अंदेशा नहीं होता
कि पल पल ये ज़िंदगी
खामोश सी खत्म हुई जाती है।

जो बीत गया में पन की न गुजर जाऐ यूं है
जैसा भी था ,
बदल कोई सकता नहीं।
जो आएगा
कैसा होगा ,
किसी को मालूम नहीं।
जो करना है
अब ही करले ,
ये पल भी न गुज़र जाये यूॅ ही।

मेरे बदन के अन्दर – कि मैक्मा.......
एक एक पुर्ज़ा , एक एक पल
अपना काम करता रहता है।
और बाहर मैं ,

हाथ पर हाथ धरें ,
यही सोचता रहता हूँ ,
कि मैं क्या करुँ।

घास सामने के बाग़ की
क्यूँ ज़्यादा हरी लगती है?
क़तार दूसरी खिड़की की ,
क्यूँ ज्यादा जल्दी चलती है ?
क्यूँ मेरे दफतर का हर साथी ,
मेरी तरह मसरुफ नहीं ?
क्यूँ मेरे पड़ौसी की बीवी
रोज़ पहने दिखती है साड़ी नई ?
ये सब हक़ीकत है या भरम मेरा ,
मुझे ठीक तरह मालूम नहीं।

आत्मा अमर है – सी नज़र आई
कभी नष्ट होती नहीं।
बदल लेती है वो शरीर जैसे
पहन लेते हैं हम कुर्ता–धोती नई।
इस बात में ज़रुर
कुछ तो है सच्चाई ,
क्योंकि कई बार मुझे
अपने भीतर कभी कभी
एक डायनासौर सी नज़र आई।

कुण्डली

अपने नवजात बेटे की
कुण्डली बनवाने एक दम्पती
एक ज्योतिषी के पास गये,
और साथ में अपनी दोनो की भी
कुण्डलियाँ रख कर ले गये।

कहा ज्योतिषी से "हे महाराज"
इस पुत्र की कुण्डली ज़रा बनादें,
कितना भाग्यशाली हमारे लिये ये होगा
क्रपया करके बतला दें।

ज्योतिषी विद्वान था,
अपनी विद्या का उसको
पूरा पूरा ज्ञान था।
उंगलियों पर उसने
कुछ नक्शत्रों के नाम धरे,
राशियों का कोष बना कर
गिनती जैसे कुछ काम करे।

फिर सामने बैठे जजमानों से बोला
बेटे की कुण्डली नेक है,
स्वजनों और कुटुंब के लिये,
भाग्य इसका श्रेष्ठ है।

फिर धीरे से बोला ऐ श्रीमान !
एक और बात पर दीजिये ध्यान,
आपकी कुण्डली देख, मैने है ये जाना
दो साल पहले भी, भाग्य का लिये ख़ज़ाना

स्वयं साक्षात लक्ष्मी
आपके जीवन में आईं थी,
सारे जहाँ की खुशियाँ वो आपको
देने के लिये लाईं थीं।

पर कुछ ही दिनों मे वो
कुण्डली से ओझल हो गयीं
जाने क्यूँ वो आप के लिये
कुछ बोझल सी हो गयीं।

कुण्डली की रेखायें तब
यूँ जैसे मिथ्या हो गयीं,
गर्भ मे ही ना जाने कैसे
उसकी हत्या हो गयी !

कुण्डली यह आपकी उस दिन मिथ्या हो गयी
जीवन मे आने वाली लक्ष्मी की जिस दिन,
गर्भ में हत्या हो गयी !!

माला जापे उंगलियो से

माला जापे उंगलियो से
मुँह से बोले राम राम
पर घ्यान जो भटके इधर उधर
तो पूजा हो किस काम !!

पत्थर की मूरत को
तू समझ रहा भगवान !
वो छुपा है तेरे अन्दर
झाँक के देख ज़रा इन्सान!!

जग दिखलावे के लिए
ना करियो कभी भी पूजा। पाठ!
शॉन्त चित प्रभू को पावे
बात यह तू बांधले गांठ!!

मंदिर के अंदर और बाहर

मंदिर मंदिर जाकर मनमें
आता है यही ख्याल,
भक्तों और भिखारियों का
कुछ कुछ एक सा ही है हाल ।

मंदिर के भीतर श्रद्धालु
हाथ जोड़ विनती करके,
मन्नत प्रभू से मनवाते हैं।
और बाहर भिखारी भी रो रो कर
हाथ पसारे रहते हैं।

अंतर है बस यही
कि अंदर लाखों एक से खुशियां मांगे।
और बाहर खड़ा वा एक भिखारी
लाखों से एक एक पैसा मांगे।

ख्याल कभी यह आता है जब,
हम झिड़क देते हैं किसी भिखारी को,
कैसा हमें लगेगा ग़र
ईश्वर भी ठुकरा दे,प्रार्थना हमारी को

तेरे दर पे झुका जो मेरा सर

तेरे दर पे झुका जो मेरा सर
है उसका ही ये असर
कि मेरी हर आस हुई पूरी
ना इच्छा रही कोई अघूरी
सब तेरी कृपा है ईश्वर

तेरे दर पे.........................

विपदा जब भी कोई आई
तूने राह दिखाई
चिन्ता ने मुझे जब भी धेरा
साथ दिया तूनेही मेरा
मै ही भूला तुझको मगर
मुझे क्षमा करो ईश्वर

तेरे दर पे.........................

जीवन मेरा पार लगा दो
मुझको सच्ची राह दिखा दो
बुरा किसी ना मुझसे होए
मन मे छबी तुम्हारी सोहे
तेरा नाम रहे लब पर
यही दया करो ईश्वर

नाम जपन क्यूँ छोड़ दिया?

नाम जपन क्यूँ छोड़ दिया,
तूने नाम जपन क्यूँ छोड़ दिया।
ऐसा क्या है तूने पाया,
ऐसा क्या तूने खो डाला,
जो ईश से नाता तोड़ दिया।
नाम जपन क्यूँ छोड़ दिया?

क्यूँकी उसने हवा चलायी,
साँस तू लेने पाता है,
भूख प्यास हरने को तेरी,
वो क्या क्या चीज़ उगाता है।
दान दया का लेकर उससे
क्यूँ दान का मटका फोड़ दिया।
नाम जपन क्यूँ छोड़ दिया?

सुख दुख जो भी तू पाता है,
सब उसका लेखा जोखा है।
ग़र तू समझे इसे करनी अपनी,
ये तेरे मन का धोखा है।
विद्या ज्ञान सब देन उसी की
अहम क्यूँ मन से जोड़ लिया।
नाम जपन क्यूँ छोड़ दिया?

इस दुनिया में आकर सबको
एक ना एक दिन जाना है।
कोई भी कितना ऊँचा उड़ ले,
सबका वहीं ठिकाना है।
नेक राह दिखलाई है उसने,
तूने क्यूँ रस्ता मोड़ लिया ।
नाम जपन क्यूँ छोड़ दिया?

नौ द्वार की इमारत

यह शरीर
एक इमारत है।
जिसमें हैं नौ द्वार दिये,
कुछ भी अंदर जाने को
या बाहर आने के लिये।

यह महल पहले बनता है,
पर पूरा नहीं कहाता।
जब तक प्राणों की इसके भीतर
प्रवेश नहीं हो जाता!

जब तक प्राण अंदर हैं
इस इमारत में जीवन है।
जिस दिन वो बाहर चले गये
एक खंडहर बस रह जाता है,
जिस को या तो जलाया जाता है,
या दफ़नाया जाता है।

प्राणो के अंदर जाने का तो
केवल एक ही द्वार है।
वह मॉं के शरीर से है जुड़ा हुआ,
इससे ही यह संसार है।

आठ द्वार रह जाते हैं
प्राणो के बाहर जाने को
जीवन पर यह निर्भर है कि उन्होने
कौनसा चुना है जाने को।

ऑखो के रास्ते
ऊपर की ओर देखते,
अगर निकले प्राण,
समझो अपने ईश्वर को
ढूंढ रहा है वो इंसान

कानों के द्वार से,
हो कर बिल्कुल षांत,
जो इस देह से निकला।
समझो ईश्वर का सुन के बुलावा
वह उसी की ओर चला।

नाक के रास्ते छोड के सांस
काम में अपने जुटा हुआ,
जा इस देह से निकल चला,
कर्मयोगी मानो उसे,
राह पे अपनी आगे की ओर
समझो वह कुछ और बढ़ा ।

प्राण जिसके निकलें मूंह के द्वारे,
या तो वह हरी का नाम उच्चारे,
या पड़ कर मोह माया में
अपनो से बिछड़ कर
उनको बारम्बार पुकारे।

जो आगे पीछे के निचले द्वारों से
जाने को हो मजबूर अगर,
समझो जीवन की डगर पर,
पीछे उसके लगें हुए हैं,
उसके सारे कुकर्म मगर।

एक राह है अच्छी फिर भी
प्राणो के बाहर जाने की।
ध्यान लगा कर एक लगन हो जिसमें
ईश्वर में रम जाने की।
वह प्राणी सारे द्वारों के
बंद हुए होने पर भी,
जाने कैसे छोड़ चला जाता है
यह इमारत रुपी काया अपनी !!

पानी की आवाज़

हा हा करती सागर की लहरों की ललकार?
झर झर करते झरनों की गुँजार?
रिम झिम करती बरखा रानी
कल कल जैसी मधुर ध्वनी
जो करता है नदिया का बहता पानी।

पानी की आवाज़ है ये सब
मन को हर्षित करती हैं।
सच पूछो तो ये जल में छुपे हुए
जीवन को दर्षित करती हैं।

पर सुनाई देती है कभी टप टप
जो नल से गिरती बूँदे करती हैं?
या वो गड़ गड़ जो गागर से
छलकते पानी के बिखरने से निकलती है?

पानी की आवज़ है ये भी
ये कानो में चुभ जाती हैं?
नष्ठ हो रहे जल जीवन का
एहसास हमें दिलवाती हैं।

पीने पे

ग़म 'भुलाने' के लिये पीना तो और ग़मों को 'बुलाना' है
ऐसे पीने वालों ने ही तो किया बदनाम मैख़ाना है।

दोस्तों के साथ मज़े से बैठ कर ही तो पीने को बना है मैख़ाना,
मगर सिर्फ़ पीने के लिये ही कभी किसी को दोस्त ना बना।

मियाद कुछ ऐसी बना ले अपने पीने मे,
फ़र्क जितना है किसी के 'एक और'
और किसी के 'अब और नहीं' कहने में।

शायर को शेर सुनाने का नशा है,
गाने वाले को गुनगुनाने का नशा है,
गुरु को ग्यान देने का नशा है,
योगी को ध्यान लगाने का नशा है
फिर ऐसी क्या हो गयी ख़ता मुझसे,
ग़र मुझे एक जाम हर शाम लगाने का नशा है।

कुछ ऐसी बराबरी इस ज़माने मे नज़र आती है,
जितने बढ़ते हैं ना पीने की नसीहत देनेवाले
उतनीं ही गिनती मैख़ानो की बढ़ती जाती है।

ऐ कन्या को गर्भ मे मिटाने वालो
सीखो कुछ मैख़ानो से,
यहाँ हर कोई अन्गूर के बेटी होने दुआ करता है।

आ गया बरसों से पीने वाला नसीहतदारों के कहने मे,
शराब छोड़ दी, पानी पीने लगा,
आज बेचारा बीमार है,
लाले पड़ रहे है उसके ज़िन्दा रहने में।

रिश्ते

दफतर मे अफसर को ऐसी आग बराबर जानो
जिससे ठण्डी के मौसम मे खुदको हाथ सेकता मानो
पास अगर बहुत गए तो निश्चय ही जल जाओगे
दूर अगर हो गए तो ठण्डे ही रह जाओगे

दोस्त और दोस्ती पर नजर जरा यू डालो
मतलबी और मतलब का मतलब जरा निकालो
सारा जग मुँह मोड ले और कोई न आए साथ
उस वक्त मे असली दोस्त ही देगा तुमको हाथ

घर के आंगन मे सास बहू का
रिश्ता है बदनाम जरा
गर मॉ बेटी सा इसे बना लो
मधुर यही बन जाए बडा

पिता पुत्र के रिश्ते मे जन्मो से
एक रीत सदा चली आई है
चाहे वो कितना भी इसे छिपा ले
बेटा बाप का अनुयायी है

भाई भाई को कितना भी चाहले
या कितना भी कर ले प्यार
रिश्ता वैसे ही बन पाएगा
जैसे चाहेगी घर की सरकार

दो बहनो के पति रिश्ते मे
हमजुल्फ कहाए जाते है
कभी कभी देखा है ऐसा
बैचारे हमजुल्म नजर से आते है

रिश्ता पति पत्नी का
होता है कुछ खास जरा
खुशिया होगी वही सदा
जब इसमेहो विश्वास भरा

रिश्ते सभी रिश्ते होते है
देते है हमको मान सम्मान
सही कसौटी पर उतरेगा
जिसमे एक इन्सा को दूजा समझे इन्सान

शौपिंग

बीवी के संग शॉपिंग करने की
बात ही कुछ और है !!
उनकी हाँ मे हाँ मिलाने का,
और भारी बैग उठाने का
सारी दुनिया में दौर है।

सब्ज़ी के बाज़ार मे
वैरायटी इतनी ज़्यादा है
पर गेस्स तुम्हें यह करना है कि
उनका क्या बनाने का इरादा है।
आलू और प्याज़ पर ही
बस चलता तुम्हारा ज़ोर है
बीवी के संग शॉपिंग करने की
बात ही कुछ और है !!

सुपर बाजार में घूमते घूमते ,
गर दिख जाये कोई चीज़ नई
तुम धीरे से सजेस्ट करो
वो ज़ोर से कह देंगी। "नहीं"
बस तुम्हारा भला इसी में है कि देखो
उनकी निगाह किस ओर है
बीवी के संग शॉपिंग करने की
बात ही कुछ और है !!

सबसे मुश्किल काम है संग उनके
मैचिंग सेंटर मे जाना,
एक साड़ी के संग बीसियों
ब्लाउज पीस के रंग मिलाना
और तीन रंग के कपड़े लेकर
बाहर नेचुरल लाइट में लेकर जाना।
जो भी उनको ठीक लगे
उसे मानने में ही ख़ैर है
बीवी के संग शॉपिंग करने की
बात ही कुछ और है !!

बस तुम्हें छूट है मीट शॉप से
चिकन, मटन ले आने की
पर इंस्ट्रक्शन है कि पीस जैसे वो कहें
वैसे ही कटवाने की ।
मच्छी के बाज़ार से तो वो
चल देतीं दूसरी ओर हैं
बीवी के संग शॉपिंग करने की
बात ही कुछ और है !!

जब शॉपिंग सारी घर पर आई
और तुमने चैन की ख़ैर मनाई ।
पर बाज़ार से लाना कुछ भूल गई वो
उसके ज़िम्मेवार तुम्ही हो
कोई भी नहीं और है ।
बस इन छोटी छोटी बातों पर ही
रखना तुमको ग़ौर है ।
बीवी के संग शॉपिंग करने की
बात ही कुछ और है !!

सुख दुख

डसने बॉटे सुख अनेक
पर मिल गये दुख भी दो एक
जैसे चावल के बोरे मे
मिल जाते है कुछ कंकर
जैसे सन्तो के समुदाये मे
घुस जाते है उच्चके साधु बनकर
जैसे स्कूलो मे बच्चो की
बनती है लम्बी रेल
ज्यादा तर होते है सफल
बस कुछ होते हे फेल
ज्यो रसोइया भात से पत्थर बीन निकाले
सदगुरू उसी तरह भक्तो के मन की शंका टाले
अपने चारो ओर अगर नजर जरा घुमाओगे
खुशिया ज्यादा होगी बहॉ दुख इक्का दुकका पाओगे

कुछ मुक्तलिफ नज़्में

कागज़ के फूल

फूल कागज़ के सही
हैं तो आखिर फूल ही
खुशबू देते नही तो क्या
मुझार्ते भी तो नहीं कभी!
इन्हें ना पानी चाहिए ना मिट्टी
बस जमीं धूल को झाड़ना होता है
वो भी कभी कभी!

रिश्ते

रिश्ते बन तो जाते हैं पल भर में
निभाने में उम्र लग जाती है!
कुछ अच्छे वाकिए याद रखें
जो बुरे थे, नज़रंदाज़ करें
बस यूँही बात बनती चली जाती है!

भिखारी

सुना है सरहद पार से आया
यहाँ एक भिखारी,
अपने मुल्क में लाखों का मालिक है।
वतन और अपनो को छोड़ने की
क्या खूब क़ीमत वसूली है उसने!

दहशतदार

दहशतदारों की कमज़ोरी का अंदाज़ा
इस बात से लगा सकते हैं सही,
वो मकान जला सकते हैं काश्मीर में
बम्ब फोड़ सकते हैं, जाने तबाह कर सकते हैं
मगर फल और फूलों को रोक सकते नहीं
बागों में उगने से!
अन्न चाहने वालों की उम्मीद
इसी बात को लेकर टिकी है कहीं!

जलना

चूल्हे जलते हैं तो रोटी की उम्मीद जगा देते हैं
चिराग़ जलते हैं तो रौशनी फैला देते हैं,
फिर इस दिल के जलने से
फ़िज़ा मे अंधेरा क्यूँ है!

तन्दुरूस्ती

तन्दुरूस्ती के लिए चाहिए
अच्छा घर का खाना, कसरत थोड़ी रोज़ाना
अच्छे कर्मों का करना, विचार अच्छे मन में लाना!
रोग लगाने के लिए लेकिन
सुई की नोंक भर कीटाणू ही काफी है।
फिर क्यूँ ना समझें इसे, इनायत ऊपर वाले की
कि ज़्यादातर लोग यहाँ सेहतमंद नज़र आते हैं!

बिना जाने

बिना एक दूजे को जाने
जन्मों जनम साथ रहने की
कस्में खा लेते हैं लोग।
जब जानने लगते हैं तो
एक जन्म भी
बहुत लम्बा लगता उन्हे!!

सात जन्मों का साथ

शादी के पचास साल पूरे होने पर
पति पत्नी सर झुकाने भगवान के मंदिर में थे।
पति ने कहा ईश्वर से हम दोनो का
सात जन्मों का साथ मांगा है प्रिये!"
पत्नी बोली" मैने भी वही मॉंगा है,जी!
पर साथ में इतनी विनती भी करी है,
कि एक तो जैसे तैसे गुज़र गया,
अब तीन में इन्हें बनाना पत्नी मेरी
और बाकी तीन में पति इनका मुझे !!"

भूखा भिखारी

भूखे पेट खुली पटरी पर लेटा एक भिखारी
हर रात ऊपर देख के खुश रहता है,
उसे कभी चाँद मे काजू दिखता है
कभी फॉक खरबूजे की
और पूनम की रात तो
गोल परांठा नज़र आता है उसे!

राही

ज़िन्दगी के सफर में कितने ही मिले
हम सफर हमको।
कुछ चार कदम चल के साथ
अपने अपने रास्ते की ओर मुड़ चले,
कुछ भीड़ में ज़माने की
ना जाने कब बिछड़ गये!
सुना है आखिरी तो सबकी
एक है मंज़िल,
वहाँ मिलेंगे तो पूछेंगे
हाल उन सब का!

तेरे सहारे.....।

ज्यूँ तेरे सहारे बीता सुखमय
मेरा एक एक क्षण,
अपना बाक़ी जीवन भी करता हूँ
अब तुझको अर्पण्।

ग़र तू चाहे तो नाम मेरा हो
ज्यूँ मिट्टी का एक कण्।
तेरी क्रपा हो तो यह जीवन,
हो जैसे ख़ुशियों का दर्पण
ज्यूँ तेरे सहारे......।

हार हो या जीत हो मैं
हँस कर करूं ग्रहण,
नाम ना तेरा मन से जायेगा,
यह करता हूँ मैं प्रण।
ज्यूँ तेरे सहारे.........।

तोंद

शखसियत हर किसी की
चेहरे से जानी जाती है
नाक नकश और चमक दमक से
नेचर पहचानी जाती है
पर छुपाना कितना भी चाह लो उसे
जो सबको कर दे चका चौंध
ऐसी परसनैलटी की निशानी को
हम कहते है तोंद

हमने गुजारा बम्बई शहर मे
जीवन का लम्बा हिस्सा
पर उस शहर मे नही मिला
हमे कोई तोंद का किस्सा
शायद लोकल ट्रेन की रेला पेली मे
कोई मोटा चढ़ पाता नहीं
और चढ गया तो एक के बदले
चार सीट ले जाता है।

पर दिल्ली के लोगो के
पैमाने है और
भारी भरकम लोगो पर यहां
सब करते है गौर!
आप सभी ने देखा होगा
फेन सुई का लाफिंग बुद्धा

दिल्ली के हर मोड पर दिखता है वैसा
कोई जवान कोई बुढढा
सब्जी के बाजार मे हमने
देखा ऐसा ही एक बन्दा
बोली बैठा लगा रहा था
ज्यू रखा हो कुलफी का हण्डा

सुबह सुबह की सैर पर
हमने देखे है कुछ ऐसे लोग
उम्मीद लेकर जाने क्यो वो
करते है लम्बी लम्बी Jog

एक ख्याल है मन मे आता
क्यूं तोंद को मर्दो से ही जोडा जाता
Ladies भी तोंद वाली है
पर मुटापा उनका नजर जरा है कम आता

इस बार मगर दुबई के बीच पर
हमने देखे ऐसे–ऐसे scene,
तोंद ऐसी भी होती है
होता नही यकीन
एफ टीवी की Model अपने को
बोल्ड बहुत समझती है
पर उस बीच में मोटी रशीयंस
बिकिनी में बिलकुल नहीं झिझकती है
स्विमिंग आये या ना आये
डूब नहीं वो पायेगी
बड़े घेर की तोंद उन्हें
हर संकट से बचायेगी।

तोंद का नही करो मजाक
यह इसीलिए हम कहते है
समा ना पाये चाहे कपडो मे तन
तोंदू खाते पीते रहते है

वक़्त

वक़्त रुकता नहीं कभी,
वक़्त चलता आ रहा है,
युगों से, कालों से
सदियों से, सालों से।
हम जैसे कितने ही
आए और चले गये,
बच न सका कोई
इस के जंजालों से।

वक़्त किसी की
पकड़ में आता नहीं,
कोई इसको साथ अपने
ले कर जा पाता नहीं।
कभी चमकता है सुनहरी धूप सा
कभी चॉन्दनी सा चमचमाता है।
कभी अंधेरों में ऐसा छुप जाता है
कि किसी को ये नज़र आता नहीं।

वक़्त कट जाता है मगर,
कभी छोटे छोटे,
कभी बढ़े से टुकड़ों में।
कुछ खुशियाँ बरसाते हैं,
कुछ कटते हैं दुखड़ों में ।
किसी के लिये वक़्त सिर्फ रोटी है,
किसी के लिये वक़्त एक कसौटी है।

वक़्त बहता रहता है
नदिया की धार सा।
कभी लदा रहता है
कंधों पर भार सा।
किसी ने वक़्त को
रो कर बसर किया,
किसी ने एक एक लम्हे मे
लुत्फ का सफर किया।

वक़्त किसी के लिये
बचपन है, जवानी है,
किसी के लिये ये
बुढ़ापे की कहानी है।
वक़्त के पास हर किसी के लिये
कुछ न कुछ ज़रुर है।
वक़्त ही हर किसी की ज़िन्दगानी है
वक़्त ही हर किसी की ज़िन्दगानी है।

जिन्दगी

जिन्दगी तू मुझे एक पतंग सी नजर आती है
कभी उपर कभी नीचे कभी इधर उधर जाती है
कोई तो है जिसने थामी हे तेरी उोरी
वो तब चाहे वापिस बुला ले
वो जब चाहे तुझे गगन से छुआ दे देकर ढील थोडी
उसकी एक उंगली के एक ठुमके से तेरी राह मुड जाती है

जिन्दगी तू एक..

कितने ही रंग इसमे कितनी अलग अलग पहचान है
कोइ नाजुक है छोटी सी किसी की तगडी कमान है
वो झूमती है गंगन मे जैसे .जमी पर दौडते इन्सान है
कभी एक दूसरे से खेलती कभी लडती नजर आती है

जिन्दगी तू एक..

कुछ तो है जिसके बिना नही हस्ती इसकी
न हो हवा तो खत्म सब मस्ती इसकी
कभी शान से लहराती है तो कभी तो कभी
कट कर लुटती नजर आती है

जिन्दगी तू एक..

ईश्वर का प्यारा इन्सान

मैं मांगते मंगते थक गया
तू देते नहीं थका।
तू ही माता तू ही पिता है
तू ही सच्चा सखा।

तुझ से ही पाया है मैने
अपने मन का चैन।
धन्यवाद करते हैं प्रभू तुझे
मेरे ये भीगे नैन।

आभारी है तेरा भगवन
मेरा यह परिवार
जिसके ऊपर सदा ही
तू है इतना उदार।

अर्थी जब उठे मेरी तो दाता
इतना करना एहसान।
जो भी देखे यही कहे बस
जा रहा है वह देखो
ईशवर का प्यारा इन्सान
ईश्वर का प्यारा इन्सान

किस्मत !!

एक कहावत है आसमान से गिरा"
और खजूर मे अटका”
मगर आज देखा है किसी की किस्मत ने
उसे ज़मीन के सैलाब से बचाकर
आसमान से जा पटका !
कितना सुकून मिला होगा जब
सात दिन भूखे प्यासे रह कर
हैलिकौप्टर में राहत की सवारी पायी
क्या शुक्रिया भगवान का करना भूल गये
जो कि एक क्रैश मे अपनी जान गंवाई।
वक्त जब आ ही गया था तो ज़रूरी जाना था,
पानी में डूबकर नहीं उसे तो हवा में उड़ के जाना था ।
मगर उनका क्या कहें जो औरों को बचाने आये थे
या इनके आखिरी सफर में साथ निभाने आए थे ।

कुछ ऐसी हो इस बार दिवाली

हो देश के चप्पे चप्पे में खुशहाली,
हर खेत में फैली हो हरियाली
न गोदाम अनाजों के हों खाली
भरी हो हर निर्धन की थाली
जितने भी भ्रष्ट नेता हों
उनका घर बने कोतवाली
कुछ ऐसी हो इस बार दिवाली ।

घर घर दीप जलें खुशियों के
जगह जगह हो आतिशबाजी
लोग बम्ब फोड़े , राकेट उड़ायें
पर सरहद पे न हो खून खराबा या गोला बारी
अमन का माहौल बने महकें फूल डाली डाली,
कुछ ऐसी हो इस बार दीवाली

लक्ष्मी का तभंडार खुला हो ।
जो भी पूजे उसका भला हो,
मेहनत मज़ूरी करने वालों को
सही सही पगार मिला हो,
हर रोगी को उपचार मिला हो

हर नारी को सम्मान मिला हो
हर बच्चे को शिक्षा का वरदान मिला हो
प्रार्थना मेरी न जाये खाली
माँ देना ऐसी इस बार दिवाली !

हो मुबारक सभी को यह पावन त्योहार दिवाली!
हो मुबारक सभी को यह पावन त्योहार दिवाली!!

चार धाम !!

चार धाम हमारे महान तीरथ हैं,
ऐसी करोड़ों की आस्था बरसों से है ।
'धारी देवी' चारों धाम की रक्षक हैं
यह भी विश्वास उनके भक्तों का बरसों से है ।

फिर देवी की मूरत हटाते ही अगर शैलाब आ गया,
तो क्यूँ इसे अंध विश्वास समझते हैं ।
क्यूँ न को भी महान समझते "धारा देवी" हैं ?
लोगों के विश्वास से ही तीरथ बनते हैं
यात्रियों के आराम के लिये ही रस्ते बनते है
रस्तों के लिये अगर देवी को हटाना है
मतलब जान बूझ कर , मुसीबत को बुलाना है

कोई कहता है कि रस्ते ,
नहीं बनते हैं तीरथ पर जाने को
वो तो बनाये जाते हैं   रिज़ौर्ट्स पर मौज मनाने को ।
नाम भगवान का तो सिर्फ एक बहाना है
असली मक्सद तो ठंडक में छुट्टियाँ मनाना है ।
जब इतनी दूर जाकर मस्ती मनायेंगे
तो दो चार फूल मन्दिर में भी डाल आयेंगे ।

भगवान भक्तों का भाव जानते हैं
सब के कर्मों का हिसाब वो ही जाँचते हैं ।
इसी लिये सैलानियों को ध्वंस कर दिया
साथ ही अपने प्यारे कुछ भक्तों को
जन्म और मरण से मुक्त कर दिया।
जो बच गये उन्हे बता दिया,
"मेरी शक्ती को पहचानो,
तीरथ और उल्लास के अंतर को जानो "

किसको मिली सज़ा और मोक्ष किसको मिला ।
कहना है मुश्किल ,
यह तो है आस्था का सिलसिला ।
इसी लिये कहता है 'लाल'
राह चल सदा ऐसी कि हर राह को तीरथ बनाले ।
चार धाम को छोड़
अपने मन मंदिर को ही प्रभू का धाम बनाले !!

छुपा हुआ प्यार

एक रिश्ता ऐसा होता है,
जो ना होकर भी होता है।
जिसमें बँधा जो भी इंसाँ,
दिल ही दिल में ख़ुश होता है,
कभी चुपके चुपके रोता है।
एक रिश्ता ऐसा होता है...

पता जो चला उनके ग़म का,
मायूस हुए कुछ कर ना सके।
जब आई कोई ख़ुशी की ख़बर,
तो बढ़ के मुबारक दे ना सके।
घुट घुट के भीतर ही भीतर,
वो चैन भी दिल का ख़ोता है
एक रिश्ता ऐसा होता है...

ऐसी चाहत को क्या कहिए,
जो ख़ुल के कोई दिखला ना सके।
दिल तो चाहे कि छूले उन्हे
ये हाथ मगर बढ़ ना सके।
अपनी इस मजबूरी पर,
वो ठंडी आहें भरता है
एक रिश्ता ऐसा होता है...

मालूम नहीं जस्बात ये
हैं एक तरफ़ या दोनो तरफ़।
है जितनी बेचैनी इनको
क्या उनको भी है उतनी ही तड़प।
कैसे जाने ये दुनिया वाले जब तक,
इज़हार नहीं कोई करता है
एक रिश्ता ऐसा होता है...

तीर्थ यात्रा !

भगवान पर विश्वास ही इंसान की सबसे बड़ी ताकत है,
भगवान की खोज बन गयी इंसान की सबसे बड़ी हिमाक़त है।
भगवान का नाम लेकर इंसान की कितनी मुश्किलें आसान हो गयीं
भगवान है सब देखने वाला , यही बात नाकर्मी का बहाना बन गयी ।
कुछ पाया तो वो भगवान ने दिया, न पाया तो भगवान को मंज़ूर नहीं
हर हाल में भगवान को इंसान ढूंढ़ता रहता है कहीं न कहीं ।

इसी लिये ये सारे जगह जगह तीरथ बन गये ,
भगवान तो मिला नहीं पर लोगों के खज़ाने भर गये।
टैक्सी, भाड़ा गाड़ी, गैस्ट हाऊस, रैस्टोराँ और होटल
यहाँ तक कि जल्दी दर्शन के लिये पंडे भी एजैंट बन गये ।
पहले जाते थे लोग ज़िन्दगी भर का हिसाब प्रभू को दिखाने को
अब जाते हैं उसके नाम पर मौज मस्ती मनाने को ।
अब तो अपनी शान अपना रूतबा उसे दिखाते हैं,
अपनी मसरूफियत जताने को हैलिकौप्टर से आते जाते हैं ।

भगवान अंतरयामी है, भक्ती के भाव का वो ही तो ज्ञानी है ।
कैसे यह लोग उसके दर्शन का मोल लगाते हैं
भीड़ से बचने को सिफारिश करवाते हैं या नोट दिखाते हैं ।
कोई तो पहनाते ईश्वर को फूलों की जगह हीरों की माला
किसी के नाम पे बन जाती हैं कितनी गैर कानूनी धर्मशाला ।
भगवान के नाम पर भगवान की प्रक्रिती से हो रहा खिलवाड़ है
कितना ही हो रहा उसके नाम का व्यापार है ।

फिर क्यूँ ना भगवान कभी कभी इंसाँ से रूष्ठ हो
क्यूँ ना तीर्थों पे हो रही अनीती अष्ठनष्ठ हो
कब तक अपने नाम का दुरूपयोग सहेगा वो
कभी न कभी तो पाप का विनाश करेगा वो ।
ऐ मनुष्य तू अब भी भगवान का इशारा समझ ! जा
तीर्थ यात्रा में व्यापार और स्रष्टी पर दुराचार से संभल जा ।

मेरा रूपया !!

मेरा रूपया किधर जाता है ,
देखो कैसे बिखर जाता है!
जेब में रखूँ तो खिसक जाता है ,
बाहर निकालूँ तो लुढ़क जाता है ।
बैंक में रखूँ तो सुकड़ जाता है ,
शेयर में डालूँ तो उड़ जाता है ।
न जाने कहाँ ये चला जाता है
कहीं भी नहीं ये नज़र आता है ।

बहुत सोच कर इसको गहनों में ढ़ाला
कुछ रहने को एक मकान में डाला ।
थोड़ा ख़र्च करके कुछ दुनिया देखी
बाकी को धरती के खड्डों मे डाला ।
सोचा कि फ़सल शायद अच्छी हो जाये
फ़सल के ऊपर भी पड़ गया पाला
कुछ ले गयी सरकार कुछ ले गया लाला
सबने मिलके मेरे रूपये को मार डाला ।

तंग आ कर मंदिर की पेटी मे डाला,
थोड़ा भिखारियों की झोली मे डाला ।
सोचा शायद बदले में पुण्य मिलेगा ।
शायद फ़रियाद ऊपर वाला सुनेगा ।
अगले जीवन में ही शायद कुछ मिलेगा।

मगर देश तो यहीं का तहीं है
यहाँ रूपये की कोई क़ीमत नहीं है
जिधर देखो उधर है नया एक घोटाला
मेरा रूपया तो शायद बच्चों को कुछ दिला दे
मुझे इस देश से उम्मीद कुछ भी नहीं है
मेरे देश की उम्मीद कुछ भी नहीं है ।

वाह री गर्मी !!

गर्मी को सब कोसते हैं , आह भरते हैं
चलो आज उसके फायदों पे वाह वाह करते हैं !

बहाने को पसीना यूँ तो ,
कितनी मुशक्कत करनी पड़ती है
घंटा भर जॉगिंग करनी पड़ती है
गर्मी आई तो बिना मेहनत करे
हर पोर से पसीने की धार निकलती है!

काम टालना हो कुछ भी,
तो गर्मी एक अचूक बहाना है
"घर में बैठे रहो कहते है वो भी ",
जिनका काम हर वक्त भगाना है ।

वो लाल लाल लीची, वे पीले पीले आम,
वो मीठे खरबूजे , आढू, चेरी, ख़ुमानी
वो ऊदे ऊदे जामुन , वो हरे हरे कच्चे बादाम ।
लदे हैं बाज़ार सेहतमन्द फलों से हर जगह
भला ऐसी गर्मी को बुरा कहें तो किस तरह !

ज़रा निकल के घर से किसी पूल में डुबकी मारो
बिना झिझक के रंगीन बिकनियों को निहारो !
ठंडी बियर पियो, या बरफ के ऊपर डालो व्हीस्की,
हो परहेज़ नशे से गर, तो शरबती गोले की बना लो चुस्की !
आइस क्रीम सॉफ्ट हो , या पिस्ते की कड़क कुल्फी हो
मज़े गर्मी के कम नहीं चाहें तुम कुछ भी कहो !!

एक नियामत है गर्मी की ,
जो काश आज की पीढ़ी को नसीब नहीं।
वो क्या दिन थे गर्मी के
जब खुली छत पर सोते थे तारों की छाँव में
अब भी गर्मियाँ खूब खुशी से मनाते हैं लोग गाँव में ।

जितना कोसोगे गर्मी को
वो उतना तुम्हें सतायेगी ।
मस्त रहो खाओ सत्तू , पियो पानी
यह गर्मी चुटकियों मे
खुशी की बरसात में बदल जायेगी

हम प्याज़ नहीं बेचते !!

हम प्याज़ नहीं बेचते !!

एक मंत्री जी से जब किसी ने पूछा,
महंगाई का सबब, प्याज़ सस्ती होगी कब ?
बड़ी शान से वो बोले हमसे नहीं व्यापारी से पूछो,
हम तो सरकार चलाते हैं हम प्याज़ नहीं बेचते !!

मतलब साफ था, मंत्री जी को नहीं ज़रा भी आभास था,
सर में गुरूर था , मिज़ाज़ मगरूर था
एक तुच्छ पत्रकार हम से सवाल करता है ?
हमारे अहंकार पर ठेस पहुंचाता है, क्या उसे मालूम नहीं
हम सरकार चलाते हैं , हम प्याज़ नहीं बेचते !!

गलती हो गई हुज़ूर , क्या करें पूछने को हम मजबूर हो गये
जब एक रूखी रोटी के साधन हमारी पहुँच से दूर हो गये,
सोचा था आप सरकार चलाते है, आप को मालूम होगा ।
अब आप से मिले तो जाना , आप तो कोयले की खान बेचते है
दाल रोटी क्या चीज़ है आप तो अपना ईमान बेचते हैं !
आप तो बड़े लोग है आप दूर देशों में जाकर झूठी शान बेचते हैं !
मुल्क मे दंगे करवाकर निहत्तों के कफन का सामान बेचते हैं
आप के लिये तो औरतों की आबरू भी बिकने का सामान है

यह संसद भी आपके लिये कुर्सियों की दुकान है
आपको तो बेचने के लिये बस ख़ुदा ने दी एक ज़ुबान है
जिसे आप हर पाँच साल , खुले आम बेचते हैं ।
कसूर हमारा ही है कि हम आप से पूछ बैठे,
आप तो सरकार चलाते हैं आप प्याज़ नही बेचते ।
आप तो सरकार चलाते हैं , आप प्याज़ नहीं बेचते !!

हमारी विरासत

ये मेरा वतन है ,
जिसे एटलस में इंडिया है लिखा जाता
कोई हिन्दुस्तान कह कर है इसको बुलाता
कोई इसको कहता भारत है
किसी नाम से भी मैं इसको पुकारूँ,
ये मेरी सबसे अज़ीज़ विरासत है ।

ज़ुल्मों सितम फिरंगियों ने था ढ़ाया
फाँसी पे हमारे शहीदों को चढ़ाया
हज़ारों ने लहू था अपना बहाया,
फिर बापू ने अहिंसा का सबक़ सिखाया
दिखाया कि सत्याग्रह की कितनी ताक़त है
तब जाकर मिली ये विरासत है

अब हैं हम आज़ाद ,
क्यूँ ना अच्छे से अच्छा लिखें और पढ़ें
मिला के क़दम और आगे बढ़ें ।
खेतों में सदा हरियाली रहे,
कारख़ानों की पैदावार नित दिन बढ़े ।
नहीं कोई भुखमरी से मरे
न नारी कोई घर से निकलने में डरे
अब इस विरासत की हमें करनी है हिफाज़त
क्यूँकि ये हमारे बच्चों की अमानत है ।

वो बच्चे जो हम से आगे बहुत बढ़ रहे हैं
जो आई. टी जगत के शिखर पर चढ़ रहे हैं
जो इकनोमिक वर्ल्ड में भी छाप अपनी गढ़ रहे हैं
विज्ञान में शोध नई कर रहे हैं
ये सब है उसी सभ्यता की बदौलत ,
ये सब है उसी परम्परा की बदौलत
जिसकी हमको मिली विरासत है।